Fisch & Meeresfrüchte

Leichte & leckere Rezepte
für den Fischgenießer

June Hammond

Entwurf & Realisation: The Bridgewater Book Company Ltd.
Fotos: Calvey Taylor-Haw
Fachberatung: Ricky Taylor, Ruth Pollock

Parragon
Queen Street House
4 Queen Street
Bath BA1 1HE, UK

Übersetzung aus dem Englischen:
Kirsten Nutto, Schopfheim

Lektorat:
Şebnem Yavuz, Köln

Redaktion und Projektmanagement:
Nazire Ergün, Köln

Koordination:
trans texas Publishing Services GmbH, Köln

ISBN 1-40544-116-X

Printed in China

Hinweise für den Leser

- Sofern die Schale von Zitrusfrüchten benötigt wird, verwenden Sie unbedingt unbehandelte Früchte.
- Sind Zutaten in Löffeln angegeben, ist immer ein gestrichener Löffel gemeint: Ein Teelöffel entspricht 5 ml, ein Esslöffel 15 ml.
- Sofern nicht anders angegeben ist, wird Vollmilch (3,5 % Fett) verwendet.
- Pfeffer sollte stets frisch gemahlener schwarzer Pfeffer sein.
- Bei Eiern und einzelnen Gemüsesorten, z. B. Kartoffeln, verwenden Sie mittelgroße Exemplare.
- Kinder, ältere Menschen, Schwangere, Kranke und Rekonvaleszenten sollten auf Gerichte mit rohen oder nur leicht gegarten Eiern verzichten.
- Die angegebenen Zeiten können von den tatsächlichen leicht abweichen, da je nach verwendeter Zubereitungsmethode und vorhandenem Herdtyp Schwankungen auftreten.

Inhalt

Einleitung

Fisch, Schalen- und Krustentiere sind sehr gesund. Frisch gekauft und zubereitet sind sie hinsichtlich Geschmack, Qualität und gesundheitlichem Nutzen kaum zu überbieten. Sie sind kalorienarm, enthalten aber zahlreiche Nährstoffe wie B-Vitamine und Proteine. Vor allem Fische wie Lachs und Sardellen sind zudem hervorragende Lieferanten von essenziellen Fettsäuren, die unser Körper nicht selbst produzieren kann, die aber eine entzündungshemmende Wirkung haben und Herzerkrankungen entgegenwirken können.

Fisch, Schalen- und Krustentiere enthalten zudem noch weitere wertvolle Nährstoffe wie Jod, das für die Schilddrüse und einen gesunden Stoffwechsel wichtig ist; das Coenzym Q10, das die Muskeln stärkt und Herzerkrankungen und Diabetes vorbeugt; Zink, das für die DNA-Synthese und Wundheilung unerlässlich ist sowie Magnesium, das beim Knochenaufbau, der Energieproduktion sowie der Insulin-Regulierung eine wichtige Rolle spielt.

Chorizo-Jakobsmuschel-Suppe
Seite 16

Meeresfrüchte auf Spinat
Seite 34

Viele Fische und Meeresfrüchte wie Kabeljau und Thunfisch, Garnelen und Miesmuscheln haben einen geringen Fettgehalt und eignen sich daher hervorragend für eine fettarme Küche. Doch man sollte vor allem nicht vergessen, dass Fisch einfach köstlich schmeckt und wunderbar vielseitig ist – so dürfte auch hier für jeden Geschmack etwas dabei sein.

mittel

Schwierigkeitsgrad:
1 Löffel = mittel
2 Löffel = leicht
3 Löffel = sehr leicht

4 Personen

Die Rezepte gelten in der Regel für vier Personen. Für zwei Personen können Sie die Mengen einfach halbieren.

15 Min.

Vorbereitungszeit: Zeiten zum Kaltstellen und Marinieren werden separat angegeben:
z. B. 15 Min. + 30 Min. marinieren.

40 Min.

Garzeit: In der Garzeit ist die Zubereitungs- und Garzeit von Beilagen, die mit dem Hauptgericht serviert werden, nicht enthalten.

Würzige Krebs-Tortillas
Seite 50

Lachs mit Zitronen und Kräutern
Seite 88

Eine Fischsuppe ist eine köstliche Vorspeise, die sich mit knusprigem Brot und einem Salat als Beilage zudem rasch in eine wunderbar leichte Mahlzeit verwandeln lässt. Und was gibt es Feineres bei großem Appetit als einen köstlich riechenden, dampfenden Fischeintopf voller guter Zutaten? In diesem Kapitel finden Sie eine Reihe internationaler Spezialitäten, u. a. aus Frankreich, Spanien und Thailand, die alle schnell und einfach zuzubereiten sind.

Suppen & Eintöpfe

Schellfisch-Suppe à la provençale

leicht

4 Personen

15 Min.

1 Std.
10 Min.

Zutaten

1 EL natives Olivenöl extra
2 rote Zwiebeln, gehackt
2 Knoblauchzehen, fein gehackt
1 Karotte, gewürfelt
1 rote Paprika, gewürfelt
6 Tomaten, enthäutet und gewürfelt
1 EL Tomatenmark
1 TL Kurkuma
200 ml Rotwein

1 l Gemüsebrühe
1 Lorbeerblatt
350 g Schellfischfilet, gehäutet
Salz und Pfeffer

frisch gehacktes Basilikum, zum Garnieren

Baguette, zum Servieren

Das Öl in einem großen Topf erhitzen und die Zwiebeln unter gelegentlichem Rühren 4 Minuten darin dünsten. Knoblauch, Karotte, Paprika, Tomaten, Tomatenmark und Kurkuma zugeben und 4 Minuten mitdünsten. Gelegentlich umrühren. Den Wein zugeben, anschließend Brühe und Lorbeerblatt, und alles zum Kochen bringen. Die Hitze reduzieren und 25 Minuten köcheln lassen. Ab und zu umrühren.

Die Schellfischfilets unter fließend kaltem Wasser waschen und in die Suppe geben. Mit Salz und Pfeffer abschmecken und den Fisch 25 Minuten garen.

Den Topf vom Herd nehmen, die Suppe etwas abkühlen lassen und das Lorbeerblatt entfernen. Die Suppe im Mixer oder in der Küchenmaschine (eventuell portionsweise) pürieren, wieder in den Topf geben und zum Kochen bringen. Die Hitze reduzieren und 5 Minuten köcheln lassen. Die Suppe auf Teller verteilen, mit Basilikum garnieren und mit Baguette servieren.

Kabeljau-Süßkartoffel-Suppe

leicht

4 Personen

15 Min.
+ 30 Min.
marinieren

40 Min.

Zutaten

4 EL Zitronensaft
1 rote Chili, entkernt und in feinen Ringen
1 Prise frisch geriebene Muskatnuss
250 g Kabeljaufilet, gehäutet
1 EL Öl
1 Zwiebel, gehackt
4 Frühlingszwiebeln, gehackt
2 Knoblauchzehen, gehackt

450 g Süßkartoffeln, gewürfelt
1 l Gemüsebrühe
Salz und Pfeffer
1 Karotte, in Scheiben
150 g Weißkohl, geraspelt
2 Selleriestangen, in Scheiben

knuspriges Brot, zum Servieren

Für die Marinade Zitronensaft, Chili und Muskat in einer flachen, nichtmetallenen Schale (z.B. aus Glas oder Keramik) mischen. Die Kabeljaufilets waschen, in Stücke schneiden, in die Schale geben und in der Marinade wenden. Mit Frischhaltefolie abdecken und 30 Minuten marinieren.

Das Öl in einem großen Topf erhitzen. Zwiebel und Frühlingszwiebeln unter Rühren 4 Minuten darin dünsten. Den Knoblauch zugeben und weitere 2 Minuten dünsten.

Die Süßkartoffeln zugeben, die Brühe darüber gießen und abschmecken. Zum Kochen bringen, dann die Hitze reduzieren, abdecken und 10 Minuten köcheln lassen. Karotte, Kohl und Sellerie zugeben, nochmals abschmecken und 8–10 Minuten weiterköcheln. Vom Herd nehmen und etwas abkühlen lassen.

Die Suppe im Mixer oder in der Küchenmaschine (eventuell portionsweise) pürieren und wieder in den Topf geben. Fisch und Marinade zugeben und langsam erhitzen. Die Hitze reduzieren und 10 Minuten köcheln lassen. Die Suppe in Teller füllen und mit knusprigem Brot servieren.

Bouillabaisse

mittel | 4 Personen

20 Min. | 1 Std. 10 Min.

Zutaten

250 g Kabeljau- oder Schellfischfilet
250 g Seebarschfilet
6 EL Olivenöl
4 Knoblauchzehen, gehackt
2 Zwiebeln, in Ringen
1 kleine rote Chili, entkernt und gehackt
2 Selleriestangen, in Scheiben
1 grüne Paprika, in Ringen
4 Tomaten, in Scheiben
1 l Fischfond
100 ml Weißwein
1 Lorbeerblatt
einige Safranfäden
150 g Kartoffeln
100 g Miesmuscheln, abgebürstet und Bärte entfernt (siehe Seite 20)
100 g Jakobsmuscheln, ausgelöst
300 g rohe Garnelen, ausgelöst
Salz und Pfeffer

frisch gehackte Petersilie, zum Garnieren
Baguettescheiben, zum Servieren

Die Fischfilets waschen, in Stücke schneiden und auf einen flachen Teller legen. 3 Esslöffel Öl mit einer gehackten Knoblauchzehe mischen und über den Fisch geben. Mit Frischhaltefolie abdecken und in den Kühlschrank stellen. 1 Esslöffel Öl in einem Topf erhitzen und eine Zwiebel, Chili, Sellerie und Paprika 4 Minuten darin dünsten. Tomaten, Fond, Wein, Lorbeerblatt und Safran zugeben, zum Kochen bringen, abdecken und 30 Minuten köcheln lassen. Durch ein Sieb gießen und den Sud beiseite stellen. Das restliche Öl im Topf erhitzen und darin die zweite Zwiebel und den Rest des Knoblauchs 4 Minuten dünsten. Die Kartoffeln schälen, in Scheiben schneiden und mit dem Sud in den Topf geben. Zum Kochen bringen, die Hitze reduzieren, abdecken und 15 Minuten köcheln lassen.

Die Miesmuscheln mit etwas Wasser in einem Topf zum Kochen bringen und bei großer Hitze 4 Minuten kochen. Geschlossene Muscheln wegwerfen. Den Fisch zu den Kartoffeln geben, nach 2 Minuten Miesmuscheln, Jakobsmuscheln und Garnelen zugeben und weitere 4 Minuten kochen. Mit Salz und Pfeffer abschmecken. In Teller füllen, mit Petersilie garnieren und mit Baguettescheiben servieren.

Garnelen-Jakobsmuschel-Suppe nach Thai-Art

Zutaten

1 l Fischfond
Saft von ½ Limette
2 EL Reiswein oder Sherry
1 Porreestange, in Ringen
2 Schalotten, fein gehackt
1 EL frisch geriebener Ingwer
1 rote Chili, entkernt und fein gehackt
250 g rohe Garnelen, ausgelöst
250 g Jakobsmuscheln, ausgelöst
1½ EL frisch gehackte glatte Petersilie
Salz und Pfeffer

frisch gehackte glatte Petersilie, zum Garnieren

Fond, Limettensaft, Reiswein oder Sherry, Porree, Schalotten, Ingwer und Chili in einen großen Topf geben, zum Kochen bringen, dann die Hitze reduzieren, abdecken und 10 Minuten köcheln lassen.

Garnelen, Jakobsmuscheln und Petersilie zugeben, mit Salz und Pfeffer abschmecken und 1–2 Minuten köcheln lassen.

Den Topf vom Herd nehmen, die Suppe auf Teller verteilen, mit gehackter Petersilie garnieren und servieren.

Chorizo-Jakobsmuschel-Suppe

leicht | 4 Personen

10 Min. | 1¼–1½ Std.

Zutaten

150 g magere Chorizo, Haut abgezogen und gewürfelt
450 g gelbe Erbsen
1 EL Öl
2 Schalotten, gehackt
2 Karotten, gewürfelt
2 Porreestangen, in Ringen
2 Knoblauchzehen, gehackt
1,5 l Gemüsebrühe
½ TL getrockneter Oregano
Salz und Pfeffer
250 g Jakobsmuscheln, ausgelöst

frisch gehackte glatte Petersilie, zum Garnieren
Vollkornbrot, zum Servieren

Die Chorizo in einer Pfanne bei mittlerer Hitze 5–8 Minuten braten, dann mit einem Schaumlöffel herausnehmen und zum Abtropfen auf Küchenpapier legen. Die Erbsen in einem Sieb unter fließend kaltem Wasser waschen und abtropfen lassen.

Das Öl in einem großen Topf erhitzen und die Schalotten darin 4 Minuten glasig dünsten. Karotten, Porree und Knoblauch zugeben und 3 Minuten mitdünsten.

Abgetropfte Erbsen, Brühe und Oregano zugeben. Zum Kochen bringen, die Chorizo zugeben und mit Salz und Pfeffer abschmecken. Die Hitze reduzieren, abdecken und 1–1½ Stunden köcheln lassen. Kurz vor Ende der Garzeit das Muschelfleisch zugeben und etwa 2 Minuten ziehen lassen.

Den Topf vom Herd nehmen. Die Suppe auf Teller verteilen, mit Petersilie bestreuen und mit Vollkornbrotscheiben servieren.

Würzige Krebs-Gemüse-Suppe

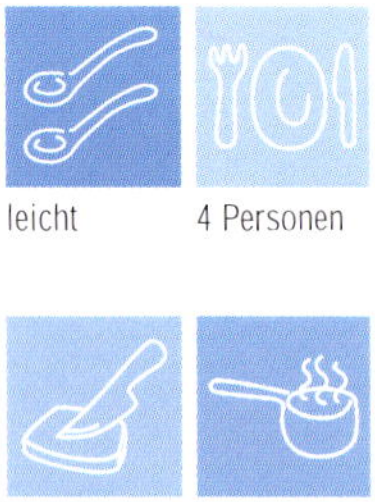

leicht 4 Personen

15 Min. 35 Min.

Zutaten

500 g Tomaten
1 l Fischfond oder Gemüsebrühe
4 TL Rotwein
150 g Rotkohl, geraspelt
2 rote Zwiebeln, in Ringen
2 Karotten, in feinen Stiften
3 Knoblauchzehen, gehackt
1 kleine rote Chili, entkernt und fein gehackt
1 Lorbeerblatt
200 g Krebsfleisch aus der Dose
150 g Mais aus der Dose
4 EL frisch gehackte glatte Petersilie
Salz und Pfeffer

frische glatte Petersilie, zum Garnieren
Baguette, zum Servieren

Die Tomaten in eine hitzebeständige Schüssel geben, mit kochendem Wasser übergießen und 1 Minute darin liegen lassen. Herausnehmen, unter kaltem Wasser abschrecken, dann die Haut abziehen.

Die Tomaten klein würfeln und in einen großen Topf geben. Fond oder Brühe zugießen, dann Wein, Kohl, Zwiebeln, Karotten, Knoblauch, Chili und Lorbeerblatt zugeben. Zum Kochen bringen, die Hitze reduzieren und etwa 15 Minuten köcheln lassen.

Krebsfleisch, Mais und Petersilie zugeben, mit Salz und reichlich Pfeffer abschmecken und weitere 15 Minuten bei geringer Hitze köcheln lassen.

Den Topf vom Herd nehmen und das Lorbeerblatt entfernen. Die Suppe auf Teller verteilen, mit Petersilie garnieren und mit Baguette servieren.

Meeresfrüchte-Eintopf

mittel

4 Personen

15 Min.

30 Min.

Zutaten

3 EL Olivenöl
2 Knoblauchzehen, gehackt
3 Frühlingszwiebeln, gehackt
1 rote Paprika, gewürfelt
400 g gehackte Tomaten aus der Dose
1 EL Tomatenmark
1 Lorbeerblatt
½ TL getrocknete gemischte Kräuter
200 g Miesmuscheln
150 g Kabeljaufilet, gehäutet und in Stücken
150 g Schwertfischsteak, gehäutet und in Stücken
350 ml Fischfond
4 EL Rotwein
Salz und Pfeffer
200 g Krebsfleisch aus der Dose
200 g gekochte Garnelen, ausgelöst
250 g gekochtes Hummerfleisch, in Stücken

GARNIERUNG
frisch gehackte glatte Petersilie
Zitronenscheiben
Baguette, zum Servieren

Das Öl in einem Topf erhitzen. Knoblauch, Frühlingszwiebeln und Paprika darin unter Rühren 4 Minuten andünsten. Tomaten, Tomatenmark, Lorbeerblatt und gemischte Kräuter einrühren und 10 Minuten köcheln lassen.

Die Miesmuscheln in leicht gesalzenem Wasser 10 Minuten einweichen, dann unter fließend kaltem Wasser abbürsten und Bärte entfernen. Muscheln mit beschädigter oder geöffneter Schale, die sich beim Gegenklopfen nicht schließen, entfernen. Die restlichen mit etwas Wasser in einen großen Topf geben, zum Kochen bringen und bei starker Hitze 4 Minuten kochen. Vom Herd nehmen, abtropfen lassen und alle Muscheln entfernen, die sich nicht geöffnet haben.

Den Fisch zu den Tomaten in den Topf geben. Fond und Wein zugießen, abschmecken und zum Kochen bringen. Muscheln und Krebsfleisch zugeben, die Hitze reduzieren, abdecken und 5 Minuten garen. Die Garnelen zugeben und etwa 3 Minuten mitgaren. Das Hummerfleisch zufügen und 2 Minuten mitgaren. Die Meeresfrüchte auf Teller verteilen, garnieren und mit Baguettescheiben servieren.

Spanischer Schwertfisch-Eintopf

leicht 4 Personen

10 Min. 45 Min.

Zutaten

4 EL Olivenöl
3 Schalotten, gehackt
2 Knoblauchzehen, gehackt
240 g gehackte Tomaten aus der Dose
1 EL Tomatenmark
650 g Kartoffeln, in Scheiben
250 ml Gemüsebrühe
2 EL Zitronensaft
1 rote Paprika, gewürfelt
1 gelbe Paprika, gewürfelt
20 schwarze Oliven, entsteint und halbiert
1 kg Schwertfischsteak, gehäutet und in mundgerechte Stücke geschnitten
Salz und Pfeffer

GARNIERUNG
Petersilienzweige
Zitronenscheiben

knuspriges Brot, zum Servieren

Das Öl in einem Topf erhitzen und die Schalotten darin unter gelegentlichem Rühren etwa 4 Minuten dünsten. Knoblauch, Tomaten und Tomatenmark zugeben, abdecken und 20 Minuten köcheln lassen.

Die Kartoffeln mit Brühe und Zitronensaft in einen Bräter geben. Zum Kochen bringen, die Hitze reduzieren und die Paprika zugeben. Abdecken und 5 Minuten köcheln lassen.

Oliven, Schwertfisch und Tomatenmischung zu den Kartoffeln geben. Mit Salz und Pfeffer abschmecken. Umrühren, abdecken und 7–10 Minuten köcheln lassen, bis der Schwertfisch gar ist.

Vom Herd nehmen und mit Petersilienzweigen und Zitronenscheiben garnieren. Mit knusprigem Brot servieren.

Wer meint, Salate seien langweilig, wird von den köstlichen Rezepten im folgenden Kapitel eines Besseren belehrt werden. Wie gut Fisch und Oliven miteinander harmonieren, wird beispielsweise beim Sardellen-Oliven-Salat ersichtlich, und ein warmer Kidneybohnen-Salat mit Thunfisch steht einer vollwertigen Hauptmahlzeit in nichts nach. Einige Salate eignen sich wunderbar als Vorspeise oder Beilage, andere wiederum durch ihre reichhaltigen Zutaten wie Nudeln auch als Hauptgericht.

Salate

Fusilli-Salat mit Thunfisch und Kräutern

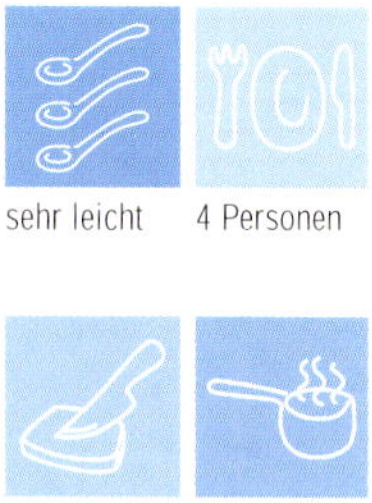

sehr leicht | 4 Personen

15 Min. | 15 Min.

Zutaten

200 g Fusilli
1 rote Paprika, geviertelt
150 g frischer grüner Spargel
1 rote Zwiebel, in Ringen
4 Tomaten, in Scheiben
200 g Thunfisch in eigenem Saft aus der Dose, abgetropft

DRESSING
6 EL Öl mit Basilikumaroma oder natives Olivenöl extra
3 EL Weißweinessig
1 EL Limettensaft
1 TL Senf
1 TL Honig
4 EL frisch gehacktes Basilikum
1 Prise Salz

Basilikumzweige, zum Garnieren

In einem großen Topf leicht gesalzenes Wasser zum Kochen bringen. Die Fusilli in 10 Minuten oder nach Packungsanweisung al dente kochen. Währenddessen die Paprikaviertel so lange grillen, bis sich die Haut schwarz färbt, dann in eine Plastiktüte geben, diese verschließen und beiseite legen.

In einem weiteren Topf Wasser zum Kochen bringen und darin den Spargel 4 Minuten garen. Das Wasser abgießen, den Spargel unter kaltem Wasser abschrecken und abtropfen lassen. Die Nudeln vom Herd nehmen, abgießen und zum Abkühlen beiseite stellen. Die Paprikaviertel aus der Tüte nehmen und die Haut abziehen, dann in Streifen schneiden.

Für das Dressing alle Zutaten in einer Schüssel gut verrühren, dann Nudeln, Paprikastreifen, Spargel, Zwiebel, Tomaten und Thunfisch zugeben und alles mischen. Auf Teller verteilen, mit Basilikumzweigen garnieren und servieren.

Spargel-Avocado-Salat mit Räucherlachs

leicht | 4 Personen
15 Min. | 5 Min.

Zutaten

200 g frischer grüner Spargel
1 große, reife Avocado
1 EL Zitronensaft
1 große Hand voll frischer Rucola
250 g Räucherlachs in Scheiben
1 rote Zwiebel, in feinen Ringen
1 EL frisch gehackte Petersilie
1 EL frische Schnittlauchröllchen

DRESSING
1 Knoblauchzehe, gehackt
4 EL natives Olivenöl extra
2 EL Weißweinessig
1 EL Zitronensaft
1 Prise Zucker
1 TL Senf
1 Prise Salz

GARNIERUNG
Petersilienzweige
Zitronenspalten

Vollkornbrot, zum Servieren

In einem großen Topf gesalzenes Wasser zum Kochen bringen, den Spargel 4 Minuten darin garen und abgießen. Unter fließend kaltem Wasser abschrecken und abtropfen lassen. Zum Abkühlen beiseite stellen.

Für das Dressing alle Zutaten in einer kleinen Schüssel gut verrühren. Die Avocado längs halbieren, schälen und den Kern entfernen. Das Fruchtfleisch in mundgerechte Stücke schneiden und mit Zitronensaft beträufeln, damit es nicht braun wird.

Für den Salat den Rucola auf Teller verteilen, darauf Spargel und Avocadostücke anrichten. Den Räucherlachs in Streifen schneiden und diese auf dem Salat verteilen, dann Zwiebeln und Kräuter darüber geben. Das Dressing darüber träufeln und mit Petersilienzweigen und Zitronenspalten garnieren. Mit Vollkornbrot servieren.

Warmer Kidneybohnen-Salat mit Thunfisch

sehr leicht 4 Personen

10 Min. 5–10 Min.

Zutaten

4 Thunfischsteaks, à 175 g
1 EL Olivenöl
Salz und Pfeffer
200 g Kidneybohnen aus der Dose
100 g Mais aus der Dose
2 Frühlingszwiebeln, in feinen Ringen

DRESSING
5 EL natives Olivenöl extra
3 EL Balsamico-Essig
1 EL Limettensaft
1 Knoblauchzehe, gehackt
1 EL frisch gehackter Koriander
Salz und Pfeffer

GARNIERUNG
Korianderzweige
Limettenspalten

Eine Grillpfanne ohne Fettzusatz erhitzen. Die Thunfischsteaks mit Olivenöl bestreichen und mit Salz und Pfeffer bestreuen. Die Steaks in der Pfanne auf beiden Seiten 2 Minuten oder nach Geschmack – aber nicht zu lange – braten, dann vom Herd nehmen und etwas abkühlen lassen.

Während der Thunfisch abkühlt, Kidneybohnen und Mais zusammen mit der Flüssigkeit aus der Dose erhitzen, dann abtropfen lassen.

Für das Dressing alle Zutaten in einer kleinen Schüssel gut mischen.

Kidneybohnen, Mais und Frühlingszwiebeln in eine Schüssel geben, die Hälfte des Dressings darüber geben und umrühren. Auf Teller verteilen und je ein Thunfischsteak darauf legen. Das restliche Dressing darüber träufeln, mit Korianderzweigen und Limettenspalten garnieren und servieren.

Sardellen-Oliven-Salat

sehr leicht

4 Personen

10 Min.

0 Min.

Zutaten

1 große Hand voll gemischte Salatblätter
12 Kirschtomaten, halbiert
20 schwarze Oliven, entsteint und halbiert
6 Sardellenfilets aus dem Glas, abgetropft und in feine Streifen geschnitten
1 EL frisch gehackter Oregano

DRESSING
4 EL natives Olivenöl extra
1 EL Weißweinessig
1 El Zitronensaft
1 EL frisch gehackte glatte Petersilie
Salz und Pfeffer

Zitronenspalten, zum Garnieren

Für das Dressing alle Zutaten in einer kleinen Schüssel gut vermischen.

Für den Salat die Salatblätter auf Teller verteilen, Kirschtomaten, Oliven, Sardellen und Oregano darauf anrichten und mit dem Dressing beträufeln. Mit Zitronenspalten garniert servieren.

Meeresfrüchte auf Spinat

leicht 4 Personen

25 Min. + 45 Min. kalt stellen 10 Min.

Zutaten

500 g Miesmuscheln, abgebürstet und Bärte entfernt (siehe Seite 20)
100 g rohe Garnelen, ausgelöst
350 g Jakobsmuscheln, ausgelöst
500 g frischer junger Spinat
3 Frühlingszwiebeln, in Ringen
1 TL fein abgeriebene Zitronenschale
1 Knoblauchzehe, gehackt
1 EL frisch geriebener Ingwer
1 kleine rote Chili, entkernt und in Ringen
1 EL frisch gehackter Koriander
Salz und Pfeffer

DRESSING
4 EL natives Olivenöl extra
2 EL Weißweinessig
1 EL Zitronensaft

GARNIERUNG
Korianderzweige
Zitronenspalten

Die Miesmuscheln mit etwas Wasser in einen großen Topf geben, zum Kochen bringen und bei starker Hitze 4 Minuten garen lassen. Abgießen und den Sud auffangen. Nicht geöffnete Muscheln entfernen. Den Sud wieder in den Topf geben und zum Kochen bringen. Garnelen und Jakobsmuscheln hineingeben, 3 Minuten köcheln lassen und abgießen. Die Miesmuscheln aus der Schale lösen. Miesmuscheln, Garnelen und Jakobsmuscheln unter kaltem Wasser abspülen, abtropfen lassen und in eine große Schüssel geben. Abkühlen lassen, mit Frischhaltefolie abdecken und 45 Minuten in den Kühlschrank stellen. Den Spinat waschen und mit 4 Esslöffeln Wasser in einen Topf geben. 1 Minute blanchieren, dann in ein Sieb geben, unter fließend kaltem Wasser abschrecken und abtropfen lassen.

Für das Dressing alle Zutaten in einer kleinen Schüssel gut mischen. Den Spinat auf Teller verteilen und die Hälfte der Frühlingszwiebeln darüber geben. Muscheln und Garnelen darauf anrichten und mit den restlichen Frühlingszwiebeln bestreuen. Mit dem Dressing beträufeln, mit Korianderzweigen garnieren und mit Zitronenspalten servieren.

Krabbencocktail

leicht 4 Personen

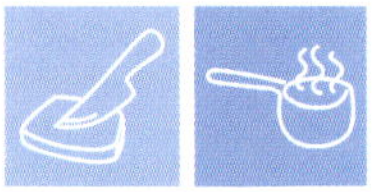

10 Min. 0 Min.

Zutaten

1 Avocado
1 EL Zitronensaft
500 g Krabben

DRESSING
1 Ei
2 TL Sherryessig
½ TL Senf
1 Spritzer Worcestersauce
1 Prise Salz
300 ml Sonnenblumenöl
100 ml Tomatenketchup

GARNIERUNG
1 Prise Paprikapulver
Zitronenzesten
4 ganze gekochte Garnelen (nach Belieben)

einige Blätter Kopfsalat, zum Servieren

Für das Dressing das Ei aufschlagen und in die Küchenmaschine geben, Essig, Senf, Worcestersauce und Salz zugeben und 15 Sekunden mixen. Bei laufendem Motor durch den Einfülltrichter langsam das Sonnenblumenöl zugießen, bis alles gut vermengt ist. Dressing in eine große Schüssel gießen und den Ketchup einrühren. Mit Frischhaltefolie abdecken und bis zum Gebrauch in den Kühlschrank stellen.

Die Avocado längs halbieren, dann schälen und den Kern entfernen. Das Fruchtfleisch in Scheiben schneiden und mit Zitronensaft beträufeln, damit es nicht braun wird.

Für den Salat das Dressing aus dem Kühlschrank nehmen, Avocado und Krabben zugeben und gut mischen.

Die Salatblätter auf Servierschalen verteilen, den Krabbencocktail darauf häufen, mit Paprikapulver bestäuben und mit Zitronenzesten garnieren. Nach Belieben jede Schale mit einer ganzen Garnele verzieren. Sofort servieren.

Mit Fisch, Schalen- und Krustentieren lassen sich wunderbar leichte Gerichte zaubern. Im folgenden Kapitel werden Rezepte aus aller Welt vorgestellt. Alle Gerichte sind schnell und einfach zuzubereiten. Zur sehr leichten Küche zählen Köstlichkeiten wie Seeteufel-Spargel-Pfanne, andere sind etwas gehaltvoller, aber unwiderstehlich wie Miesmuscheln in Sahnesauce. Viele Gerichte eignen sich sowohl als Mittagessen wie auch als leichtes Abendessen.

Leichte Gerichte

Seeteufel-Spargel-Pfanne

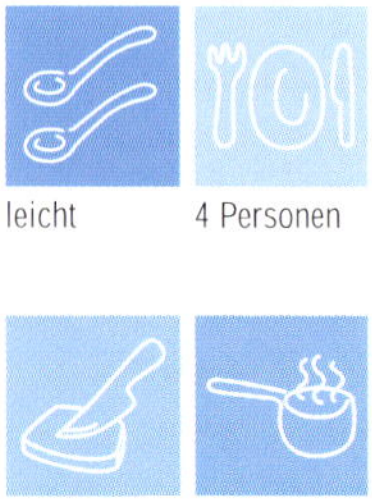

leicht | 4 Personen | 15 Min. | 15 Min.

Zutaten

500 g Seeteufel
4 EL Öl
2 Zucchini, halbiert und in Scheiben
1 rote Paprika, in Ringen
2 Knoblauchzehen, fein gehackt
150 g frischer grüner Spargel
100 g Zuckererbsen
6 EL Mehl
4 EL Zitronensauce (im Supermarkt oder Asia-Shop erhältlich)
1 EL fein gehacktes Zitronengras
1 EL frisch geriebener Ingwer
Salz und Pfeffer

Den Fisch häuten und in dünne Streifen schneiden. Mit Frischhaltefolie abdecken und beiseite stellen. 2 Esslöffel Öl im Wok oder in einer großen Pfanne erhitzen und die Zucchini 2 Minuten darin pfannenrühren. Paprika und Knoblauch zugeben und 2 Minuten mitbraten, dann den Spargel und nach 1 Minute die Zuckererbsen zugeben und 3 Minuten mitbraten. Das Gemüse herausnehmen und auf einen Teller legen.

Das Mehl in eine flache Schale geben und die Fischstreifen darin wenden. Das restliche Öl im Wok oder in der Pfanne erhitzen und den Fisch 5 Minuten oder nach Belieben (eventuell portionsweise) darin unter Rühren braten. Die Fischstreifen auf einen Teller legen.

Zitronensauce, Zitronengras und Ingwer in den Wok oder die Pfanne geben, dann den Fisch zufügen und alles bei starker Hitze kurz pfannenrühren. Das Gemüse zugeben und 1 weitere Minute braten. Abschmecken, umrühren und vom Herd nehmen. Auf vorgewärmte Teller verteilen und servieren.

Fischfrikadellen auf Thai-Art

leicht

4 Personen

15 Min.

5–6 Min.

Zutaten

350 g Schellfischfilet, gehäutet und in kleine Stücke geschnitten
25 g Mandeln, gehackt
25 g frische Semmelbrösel
½ Zwiebel, fein gehackt
1 rote Chili, entkernt und fein gehackt
1 Eiweiß
1 EL Sojasauce
1 EL fein gehacktes Zitronengras
2 EL frisch gehackter Koriander
1 EL Erdnussöl

ZUM SERVIEREN
Hamburgerbrötchen
Salatblätter
Tomatenscheiben
gemischter grüner Salat

Fisch, Mandeln, Semmelbrösel, Zwiebel, Chili, Eiweiß, Sojasauce, Zitronengras und Koriander in eine große Schüssel geben und gut vermengen, dann alles in der Küchenmaschine zerkleinern. Die Masse auf eine saubere Arbeitsfläche geben und mit den Händen flache, runde Frikadellen formen.

Das Öl in einer Pfanne erhitzen und die Frikadellen darin 5 Minuten braten, dabei einmal wenden.

Vom Herd nehmen. Die Brötchen mit Salatblättern, Tomatenscheiben und Frikadellen belegen und servieren, dazu einen grünen Salat reichen.

Schellfisch-Nachos

leicht

4 Personen

10 Min.

15 Min.

Zutaten

Butter, zum Einfetten
650 g Schellfischfilet, gehäutet
4 Tomaten, gewürfelt
1 Zwiebel, gehackt
1 EL Limettensaft
Salz und Pfeffer
50 g Tortillachips
100 g Räucherkäse, gerieben

Korianderzweige, zum Garnieren

ZUM SERVIEREN
125 g saure Sahne
knuspriges Brot

Den Ofen auf 200 °C vorheizen. Eine große Auflaufform mit Butter einfetten.

Die Schellfischfilets unter fließend kaltem Wasser waschen, mit Küchenpapier trockentupfen und in die Auflaufform legen.

In einer Schüssel Tomaten, Zwiebel und Limettensaft mischen und mit Salz und Pfeffer abschmecken, dann die Mischung über die Filets verteilen. Die Tortillachips darauf verteilen und mit dem geriebenen Käse bestreuen.

Im Ofen auf der mittleren Schiene 15 Minuten backen, dann herausnehmen und auf Teller verteilen. Mit Korianderzweigen garnieren und mit saurer Sahne und Brot servieren.

Miesmuscheln in Sahnesauce

leicht

4 Personen

15 Min.

20 Min.

Zutaten

2 EL Butter
1 Zwiebel, gehackt
2 Frühlingszwiebeln, gehackt
2 Knoblauchzehen, gehackt
1 kg Miesmuscheln, abgebürstet und Bärte entfernt (siehe Seite 20)
100 ml trockener Weißwein
3 EL frisch gehackte Petersilie
Salz und Pfeffer
150 g Schlagsahne

Petersilienzweige, zum Garnieren

Die Butter in einem großen Topf zerlassen und Zwiebel, Frühlingszwiebeln und Knoblauch darin 3 Minuten andünsten. Die Temperatur etwas erhöhen, die Miesmuscheln zugeben und 4–5 Minuten mitdünsten.

Den Topf vom Herd nehmen. Die Muscheln mit einem Schaumlöffel herausnehmen und jene entfernen, die sich nicht geöffnet haben, die restlichen beiseite stellen. Den Topf wieder auf den Herd stellen, Wein und Petersilie einrühren und zum Kochen bringen. Unter Rühren 10 Minuten köcheln lassen und mit Salz und Pfeffer abschmecken.

Die Muscheln auf tiefe Teller verteilen, dann die Sauce vom Herd nehmen. Die Sahne einrühren, die Sauce über die Muscheln gießen, mit Petersilienzweigen garnieren und servieren.

Gebratene Garnelen auf orientalische Art

leicht

4 Personen

10 Min.

10–12 Min.

Zutaten

4 EL Chiliöl
4 Frühlingszwiebeln, fein gehackt
450 g rohe Garnelen, ausgelöst
200 g Wasserkastanien aus der Dose, abgetropft und in Scheiben
1 EL fein gehacktes Zitronengras
1 rote Paprika, fein gewürfelt
1 kleine rote Chili, entkernt und gehackt
1 EL frisch geriebener Ingwer
2 EL Reiswein oder Sherry
2 EL frisch gehackter Koriander
Salz und Pfeffer

GARNIERUNG
frisch gehackter Koriander
Limettenscheiben

gekochter Jasminreis, zum Servieren

Das Öl in einer Pfanne erhitzen und die Frühlingszwiebeln darin bei mittlerer Hitze 3 Minuten andünsten.

Garnelen, Wasserkastanien, Zitronengras, Paprika, Chili, Ingwer, Reiswein oder Sherry und Koriander zugeben und mit Salz und Pfeffer abschmecken. Unter Rühren 5–7 Minuten oder nach Belieben köcheln lassen. Mit fein gehacktem Koriander und Limettenscheiben garnieren und mit gekochtem Jasminreis servieren.

Würzige Krebs-Tortillas

leicht

4 Personen

10 Min.

15 Min.

Zutaten

1 EL Chiliöl
1 große Zwiebel, grob gehackt
2 Knoblauchzehen, gehackt
250 g Krebsfleisch aus der Dose
1 kleine rote Chili, entkernt und fein gehackt
2 Tomaten, gewürfelt
1 EL frisch gehackter Koriander

Salz und Pfeffer
8 kleine Weizen- oder Maistortillas

Korianderzweige, zum Garnieren

125 g saure Sahne, zum Servieren

Das Öl in einer Pfanne erhitzen, Zwiebel und Knoblauch darin 3–4 Minuten andünsten.

Krebsfleisch, Chili, Tomaten und Koriander zugeben, mit Salz und Pfeffer abschmecken und unter Rühren 10 Minuten oder nach Belieben köcheln lassen. Kurz vor Garende die Tortillas in einer Pfanne ohne Fett einige Sekunden lang erwärmen.

Die Krebsmischung und die Tortillas vom Herd nehmen. Auf jeder Tortilla einen Esslöffel saure Sahne verstreichen, etwas Krebsmischung darauf geben und die Tortilla aufrollen. Mit Korianderzweigen garnieren und sofort servieren.

Teufelsgarnelen

leicht 4 Personen

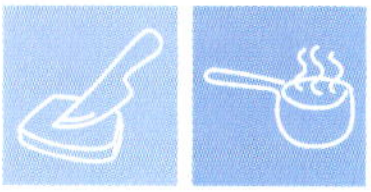

10 Min. 10–12 Min.

Zutaten

- 4 EL Erdnussöl
- 4 Frühlingszwiebeln, in feinen Ringen
- 450 g rohe Garnelen, ausgelöst
- 1 kleine rote Chili, entkernt und in feinen Ringen
- 2 EL Sherry
- 1 Prise Paprikapulver
- 1 TL rote Speisefarbe, nach Belieben

- Salz und Pfeffer

- Korianderzweige, in feine Streifen geschnitten, zum Garnieren

- gekochter Reis, zum Servieren

Das Öl in einer Pfanne erhitzen und die Frühlingszwiebeln darin 3 Minuten andünsten.

Garnelen, Chili, Sherry, Paprikapulver und Speisefarbe (falls verwendet) zugeben und mit Salz und Pfeffer abschmecken. Unter Rühren 5–7 Minuten oder nach Belieben köcheln lassen. Mit Korianderzweigen garnieren und mit gekochtem Reis servieren.

Gegrillte Sardinen mit Zitronen und Koriander

leicht | 4 Personen | 10 Min. | 6 Min.

Zutaten

12 Sardinen, geschuppt und ausgenommen
1 EL Olivenöl

MARINADE
1 Knoblauchzehe, fein gehackt
3 Frühlingszwiebeln, in Ringen
125 ml natives Olivenöl extra
4 EL Zitronensaft
2 EL Weißweinessig
4 EL frisch gehackter Koriander
Salz und Pfeffer

GARNIERUNG
Zitronenscheiben
Korianderzweige

Den Backofengrill auf mittlerer Stufe vorheizen. Die Fische innen und außen unter fließend kaltem Wasser waschen, abtropfen lassen und mit Küchenpapier trockentupfen.

Für die Marinade Knoblauch, Frühlingszwiebeln, Olivenöl, Zitronensaft, Essig, Koriander und 1 Prise Salz in einer kleinen Schüssel mischen, mit reichlich Pfeffer abschmecken und beiseite stellen.

Eine Grillpfanne mit Alufolie auslegen und diese mit etwas Olivenöl einfetten. Die Sardinen auf die Folie legen. In jeden Fisch etwas Marinade geben und die Oberseite mit Marinade bestreichen. Unter dem vorgeheizten Grill etwa 3 Minuten grillen, dann die Fische wenden, wieder mit Marinade bestreichen und weitere 3 Minuten garen.

Aus dem Grill nehmen, auf Teller verteilen und mit Zitronenscheiben und Korianderzweigen garnieren.

Krebs-Salsa

leicht

4 Personen

10 Min.
+ 30 Min.
kalt stellen

0 Min.

Zutaten

250 g Krebsfleisch aus der Dose
1 rote Paprika, gewürfelt
4 Tomaten, gewürfelt
3 Frühlingszwiebeln, gehackt
1 EL frisch gehackte glatte Petersilie
1 rote Chili, entkernt und gehackt
3 EL Limettensaft
3 EL Orangensaft
Salz und Pfeffer

GARNIERUNG
Petersilienzweige
Limettenspalten

ZUM SERVIEREN
Karotten, in feinen Stiften
Selleriestange, in feinen Stiften
Tortillachips

Für die Salsa Krebsfleisch, Paprika, Tomaten, Frühlingszwiebeln, Petersilie und Chili in einer großen, nichtmetallenen Schüssel (z. B. aus Glas oder Keramik) mischen, die nicht mit Säure reagiert. Limetten- und Orangensaft zugeben, salzen und pfeffern und gut vermengen. Mit Frischhaltefolie abdecken und 30 Minuten zum Marinieren in den Kühlschrank stellen.

Die Salsa aus dem Kühlschrank nehmen, mit Petersilienzweigen und Limettenspalten garnieren und mit Karotten, Sellerie und Tortillachips zum Dippen servieren.

Überbackene Jakobsmuscheln

leicht

4 Personen

10 Min.

25 Min.

Zutaten

100 g Tagliatelle
2 EL Butter, plus etwas mehr zum Einfetten
500 g Jakobsmuscheln, ausgelöst
2 EL Mehl
2 EL Milch
250 g Schlagsahne
Salz und Pfeffer
100 g gekochter Schinken, gewürfelt
2 Frühlingszwiebeln, fein gehackt
25 g frisch geriebener Parmesan

ZUM SERVIEREN
knackiger grüner Salat
Brot, in Scheiben geschnitten

Die Tagliatelle nach Packungsanweisung al dente kochen. Währenddessen den Ofen auf 180 °C vorheizen und eine große Auflaufform mit Butter einfetten. In einem Topf Wasser zum Kochen bringen, die Muscheln hineingeben und 2 Minuten kochen. Abgießen und beiseite stellen.

Die restliche Butter in einem Topf zerlassen und das Mehl 2 Minuten darin anschwitzen. Die Milch zugießen, dann die Sahne unterrühren. Mit Salz und Pfeffer abschmecken und 2 Minuten köcheln lassen.

Die Tagliatelle abgießen, gut abtropfen lassen und auf dem Boden der Auflaufform verteilen. Die Muscheln darauf verteilen und mit einer Lage Schinken und Frühlingszwiebeln bedecken. Mit der Sahnesauce übergießen und mit dem Parmesan bestreuen. Auf der mittleren Schiene im Ofen 15 Minuten backen, bis die Oberfläche goldgelb gebräunt ist. Mit einem Blattsalat und Brot servieren.

Sautierte Garnelen mit Whisky

leicht

4 Personen

10 Min.

8–10 Min.

Zutaten

75 g Mehl
1 Prise Salz
1 Prise Paprikapulver
700 g rohe Garnelen, ausgelöst
4 EL Öl
3 Knoblauchzehen, fein gehackt
1 Frühlingszwiebel, fein gehackt
2 EL frisch gehackter Koriander
1 EL frisch gehackter Majoran
4 EL Whisky
Pfeffer

ZUM SERVIEREN
knackige rote und grüne Salatblätter
Baguette

Mehl, Salz und Paprikapulver in einer großen Schüssel gut mischen und die Garnelen darin wenden.

Den Backofengrill vorheizen. Das Öl in einer Pfanne erhitzen und Garnelen, Knoblauch, Frühlingszwiebeln, Kräuter und Whisky hineingeben. Mit Pfeffer abschmecken und umrühren, dann bei mittlerer Hitze 5 Minuten unter häufigem Rühren köcheln lassen. Die Pfanne vom Herd nehmen und die Garnelenmischung in eine Auflaufform geben.

Die Auflaufform 2–3 Minuten unter den Grill stellen. Die Garnelen auf grünen und roten Salatblättern anrichten und mit Baguette servieren.

Ein wahrer Augen- und Gaumenschmaus sind die Hauptgerichte in diesem Kapitel, die aus so unterschiedlichen Regionen wie dem schottischen Hochland und dem Fernen Osten stammen. Ob Kedgeree oder Curry, Gratin oder Gegrilltes – die große Vielfalt der Zutaten und Zubereitungsarten inspiriert erfahrene Köche wie Anfänger gleichermaßen und bietet einen kulinarischen Genuss, den man nicht so schnell vergisst.

Hauptgerichte

Gegrillter Heilbutt mit Knoblauchbutter

sehr leicht

4 Personen

5 Min.

7–8 Min.

Zutaten

4 Heilbuttfilets, à 175 g
6 EL Butter, plus etwas mehr zum Einfetten
Salz und Pfeffer
2 Knoblauchzehen, fein gehackt

GARNIERUNG
Petersilienzweige
Orangenzesten

ZUM SERVIEREN
knackige Salatblätter
Kirschtomaten, in Scheiben

Den Backofengrill vorheizen. Die Fischfilets unter fließend kaltem Wasser waschen und mit Küchenpapier trockentupfen.

Eine flache Auflaufform mit Butter einfetten, den Fisch hineinlegen und mit Salz und Pfeffer bestreuen.

Die restliche Butter in einer Schüssel mit dem Knoblauch vermengen, dann den Fisch mit Knoblauchbutterstückchen belegen und unter den Grill stellen. 7–8 Minuten grillen, bis der Fisch gar ist, dabei die Filets einmal wenden.

Die Auflaufform aus dem Grill nehmen, mit einem Fischheber die Filets herausnehmen und auf Teller legen. Die zerlassene Butter aus der Form darüber träufeln und mit Petersilienzweigen sowie Orangenzesten garnieren. Mit knackigen Salatblättern und Kirschtomatenscheiben servieren.

Regenbogenforelle auf orientalische Art

sehr leicht 4 Personen

10 Min. 5–6 Min.

Zutaten

4 Regenbogenforellenfilets, à 175 g
4 EL Chiliöl
Salz und Pfeffer
2 EL Zitronensaft
1 Knoblauchzehe, fein gehackt
1 EL frisch geriebener Ingwer
1 EL frisch geriebenes Zitronengras
1 EL frisch gehackter Koriander

GARNIERUNG
Korianderzweige
Kokosraspel

gekochter Reis, zum Servieren

Den Backofengrill vorheizen. Die Fischfilets unter fließend kaltem Wasser waschen und mit Küchenpapier trockentupfen.

Eine flache Auflaufform mit etwas Chiliöl einpinseln, den Fisch hineinlegen und mit Salz und Pfeffer bestreuen.

In einer Schüssel das restliche Öl mit Zitronensaft, Knoblauch, Ingwer, Zitronengras und Koriander mischen. Die Mischung über den Fisch verteilen und unter den Grill stellen. 5–6 Minuten grillen, bis der Fisch gar ist, dabei die Filets einmal wenden.

Die Auflaufform aus dem Grill nehmen. Die Filets herausnehmen und auf Tellern anrichten. Den Bratensaft über den Fisch gießen, mit Korianderzweigen und Kokosraspel garnieren und mit gekochtem Reis servieren.

Gegrillter Schwertfisch

leicht

4 Personen

5 Min.
+ 1½ Std.
marinieren

8 Min.

Zutaten

4 Schwertfischsteaks, à 150 g
Salz und Pfeffer

MARINADE
3 EL Reiswein oder Sherry
3 EL Chiliöl
2 Knoblauchzehen, fein gehackt
Saft von 1 Limette
1 EL frisch gehackter Koriander

GARNIERUNG
frisch gehackter Koriander
Limettenscheiben

ZUM SERVIEREN
Folienkartoffeln
gegrillte Maiskolben
knackige bunte Salatblätter

Für die Marinade Reiswein oder Sherry, Öl, Knoblauch, Limettensaft und Koriander in einer Schüssel gut vermengen.

Die Fischfilets unter fließend kaltem Wasser waschen und mit Küchenpapier trockentupfen. Den Fisch in eine flache, nichtmetallene Schale (z. B. aus Glas oder Keramik) legen, die nicht mit Säure reagiert. Mit Salz und Pfeffer bestreuen, dann die Marinade darüber gießen und den Fisch darin wenden. Mit Frischhaltefolie abdecken und etwa 1½ Stunden in den Kühlschrank stellen.

Den Holzkohlengrill vorbereiten. Den Fisch aus der Marinade nehmen und etwa 4 Minuten über der Holzkohle grillen. Die Steaks wenden, mit Marinade bestreichen und nochmals 4 Minuten grillen, bis sie gar sind.

Vom Grill nehmen und mit frisch gehacktem Koriander und Limettenscheiben garnieren. Mit heißen Folienkartoffeln, gegrillten Maiskolben und Salatblättern servieren.

Gedämpfte Seebrasse mit Ingwer

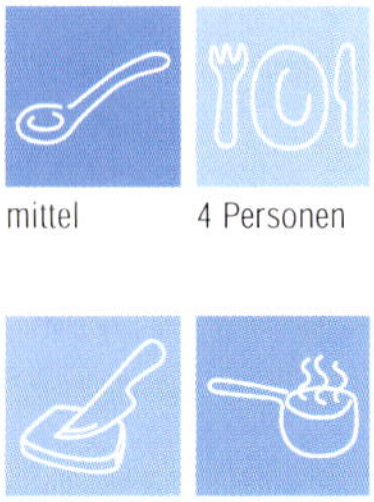

mittel | 4 Personen | 15 Min. | 10 Min.

Zutaten

500 g Seebrassen- oder Flussbarschfilet
1 Knoblauchzehe, fein gehackt
1 kleine rote Chili, entkernt und fein gehackt
2 EL thailändische Fischsauce (Nam Pla)
3 EL Zitronensaft
100 ml Fischfond
3 Frühlingszwiebeln, in dünnen Ringen
1 EL fein abgeriebene Zitronenschale
1 EL frisch geriebener Ingwer

GARNIERUNG
Korianderzweige
Zitronenspalten

ZUM SERVIEREN
gekochte Eiernudeln
Brötchen (nach Belieben)

Die Fischfilets unter fließend kaltem Wasser waschen und mit Küchenpapier trockentupfen. Die Filets auf beiden Seiten mehrmals diagonal tief einschneiden, dann in einen tiefen hitzebeständigen Teller legen, der etwas kleiner als der zum Dämpfen verwendete Topf ist.

In einer Schüssel Knoblauch, Chili, Fischsauce, Zitronensaft und Fond mischen und über den Fisch gießen, dann Frühlingszwiebeln, Zitronenschale und Ingwer darüber streuen.

Den Topf etwa 4 cm hoch mit Wasser füllen. Zum Kochen bringen, dann einen Rost einsetzen oder einen Dämpfeinsatz hineinstellen. Darauf den Teller mit dem Fisch geben und den Topf fest verschließen. Die Hitze etwas reduzieren und den Fisch etwa 10 Minuten dämpfen, bis er gar ist.

Die Filets herausnehmen und auf den gekochten Nudeln anrichten. Mit Korianderzweigen und Zitronenspalten garnieren und mit Brötchen (falls verwendet) servieren.

Lachs in Weinbrandsauce

leicht | 4 Personen

10 Min. | 25 Min.

Zutaten

650 g Lachssteak
3 EL Butter
1 Knoblauchzehe, fein gehackt
1 Zwiebel, gehackt
1 Porreestange, in dünnen Ringen
2 EL frisch gehackter Koriander
4 EL Weinbrand
6 EL Schlagsahne
1 EL Limettensaft
Salz und Pfeffer

GARNIERUNG
frisch gehackter Koriander
frisch geriebener Parmesan
8 Kirschtomaten, halbiert und gegrillt

ZUM SERVIEREN
gekochte Tagliatelle
Brot, in Scheiben geschnitten

Die Steaks unter fließend kaltem Wasser waschen und mit Küchenpapier trockentupfen.

2 Esslöffel Butter in einer großen Pfanne zerlassen, den Fisch darin 3 Minuten anbraten, dann wenden und nochmals 3 Minuten braten. Mit einem Fischheber herausnehmen und warm stellen.

Die restliche Butter in der Pfanne zerlassen und Knoblauch, Zwiebel und Porree 4 Minuten darin dünsten, dann Koriander, Weinbrand, Sahne und Limettensaft einrühren. Mit Salz und Pfeffer abschmecken und unter Rühren 10–12 Minuten köcheln lassen.

Die Tagliatelle auf Teller verteilen, den Fisch darauf legen und mit der Sauce übergießen. Mit frisch gehacktem Koriander und Parmesan bestreuen, mit den gegrillten Tomaten garnieren und mit Brot servieren.

Fischcurry

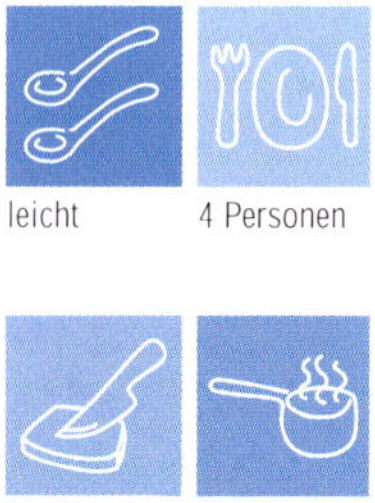

leicht 4 Personen

10 Min. 25 Min.

Zutaten

3 EL Butter
3 Knoblauchzehen, gehackt
2 Schalotten, gehackt
1 rote Chili, entkernt und gehackt
4 EL Kokosraspel
1 Prise Cayennepfeffer
1 TL mildes Currypulver
½ TL Garam masala
350 ml Wasser
350 g Kabeljaufilet
350 g Schellfischfilet
1 EL Orangensaft
1 EL frisch gehackter Koriander
1 EL frisch gehackte Petersilie
Salz und Pfeffer

GARNIERUNG
frisch gehackter Koriander
Orangenscheiben

ZUM SERVIEREN
gekochter Reis
Poppadoms (in Asia-Shops erhältlich)

Die Butter in einer großen Pfanne zerlassen, Knoblauch und Schalotten darin unter Rühren 3 Minuten andünsten. Dann Chili, Kokosraspel, Cayennepfeffer, Currypulver und Garam masala zugeben und 2 Minuten mitdünsten. Das Wasser einrühren, alles zum Kochen bringen, dann die Hitze reduzieren und 7–8 Minuten köcheln lassen.

Die Fischfilets unter fließend kaltem Wasser waschen und mit Küchenpapier trockentupfen. Die Filets zusammen mit Orangensaft und Kräutern in die Pfanne geben, mit Salz und Pfeffer bestreuen und 7–8 Minuten köcheln lassen, bis der Fisch gar ist.

Den gekochten Reis auf Teller verteilen und das Curry darüber geben, dabei den Fisch gleichmäßig verteilen. Mit frisch gehacktem Koriander und Orangenscheiben garnieren. Sofort mit knusprigen Poppadoms servieren.

Fisch-Kedgeree

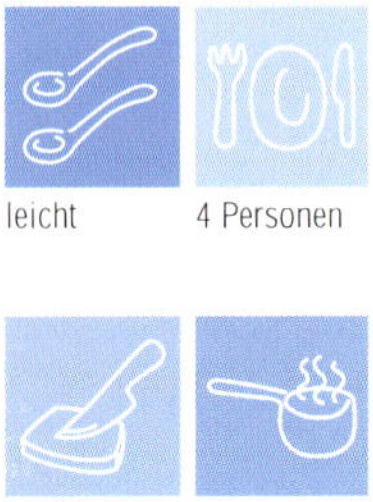

leicht 4 Personen

10 Min. 30 Min.

Zutaten

3 EL Butter
2 Schalotten, gehackt
1 Porreestange, in dünnen Scheiben
300 g Naturreis
600 ml Fischfond
200 g Lachsfilet
200 g geräuchertes Schellfischfilet
300 ml Milch
½ TL Garam masala
Salz und Pfeffer

zerpflückte Friséesalatblätter, zum Garnieren

Brötchen, zum Servieren

Den Ofen auf 190 °C vorheizen. Die Butter in einer großen Pfanne zerlassen und Schalotten und Porree darin 4 Minuten andünsten. Den Reis zugeben, dann den Fond einrühren und alles zum Kochen bringen.

Reis und Fond in einen Bräter geben, abdecken und im Ofen auf der mittleren Schiene 25 Minuten garen, bis alle Flüssigkeit aufgesogen ist.

Etwa 10 Minuten vor Garende die Fischfilets unter fließend kaltem Wasser waschen und mit Küchenpapier trockentupfen. Die Milch in einem Topf zum Kochen bringen, den Fisch hineingeben und 5–6 Minuten pochieren, bis er gar ist.

Den Reis aus dem Ofen nehmen. Die Milch abgießen und die Fischfilets in kleine Stücke zerpflücken. Fisch und Garam masala zum Reis geben, mit Salz und Pfeffer abschmecken und alles gut verrühren. Mit Friséesalat garnieren und mit Brötchen servieren.

Fisch-Kartoffel-Auflauf

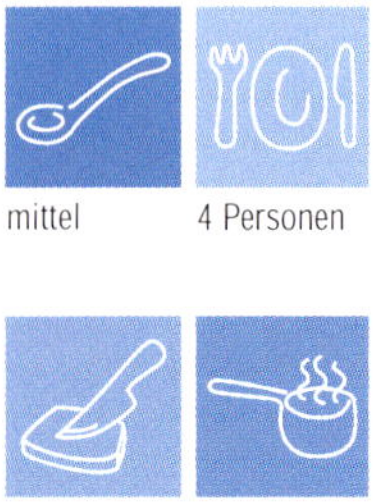

mittel | 4 Personen

15 Min. | 1 Std. 10 Min.

Zutaten

350 g Schellfischfilet
350 g Heilbuttfilet
350 g Lachsfilet
600 ml Milch
125 ml Weinbrand
1 kg Kartoffeln, in Scheiben
5 EL Butter, plus etwas mehr zum Einfetten
3 EL Mehl
1 EL frisch gehackte Petersilie
1 EL frisch gehackter Koriander
1 Zwiebel, gerieben
Salz und Pfeffer
1 Zwiebel, in Ringen
75 g Gouda, gerieben

gemischtes gedünstetes Gemüse, zum Servieren

Den Ofen auf 200 °C vorheizen. Den Fisch waschen und mit Küchenpapier trockentupfen. Die Milch in einem Topf zum Kochen bringen, Schellfisch und Heilbutt hineingeben und 10 Minuten ziehen lassen, dann herausnehmen und beiseite stellen. Die Milch aufbewahren. In einem anderen Topf den Lachs 10 Minuten bei geringer Hitze im Weinbrand garen, herausnehmen und beiseite stellen. Den Kochsud aufbewahren. Alle Fischfilets in kleine Stücke schneiden.

Die Kartoffeln in leicht gesalzenem Wasser 15 Minuten kochen. Währenddessen die Butter in einem Topf zerlassen und das Mehl darin 1 Minute anschwitzen, dann Milch- und Weinbrandsud zugeben und rühren, bis eine glatte Sauce entsteht. Aufkochen und 10 Minuten köcheln lassen. Vom Herd nehmen und die Kräuter einrühren. Die Kartoffeln abgießen und zerstampfen, die geriebene Zwiebel unterrühren und abschmecken. Eine große Auflaufform mit Butter einfetten und den Fisch hineinlegen. Mit den Zwiebelringen belegen und mit der Sauce übergießen. Darauf das Kartoffelpüree verteilen und mit Käse bestreuen. 30 Minuten im Ofen backen und mit gedünstetem Gemüse servieren.

Blätterteigpastete mit Kabeljau

mittel

4 Personen

20 Min.

1 Std.

Zutaten

700 g Kabeljaufilet
600 ml Fischfond
250 g Kartoffeln, in Scheiben
2 EL Butter
1 Zwiebel, in Scheiben
1 Knoblauchzehe, gehackt
1 Karotte, in Scheiben
2 Selleriestangen, in Scheiben
100 g braune Champignons, in Scheiben
4 Tomaten, in Scheiben
2 EL frisch gehacktes Basilikum
1 EL Sherry
Mehl, zum Bestäuben
1 Paket Blätterteig, Tiefkühlware aufgetaut
Salz und Pfeffer
1 EL Milch

ZUM SERVIEREN
knackige Salatblätter
gedünstete Zuckererbsen

Den Kabeljau waschen und trockentupfen. Den Fond zum Kochen bringen, den Fisch hineingeben und 10 Minuten garen. Herausnehmen und in Stücke schneiden. Währenddessen die Kartoffeln in Salzwasser 5 Minuten kochen und abgießen. Die Hälfte der Butter in einer Pfanne zerlassen und Zwiebel und Knoblauch 3 Minuten darin andünsten. Karotte und Sellerie zugeben und 5 Minuten mitdünsten. Das Gemüse herausnehmen und beiseite stellen. Den Ofen auf 200 °C vorheizen.

Die restliche Butter in der Pfanne zerlassen. Pilze und Tomaten 7 Minuten darin dünsten. Basilikum und Sherry einrühren und 1 Minute köcheln lassen. Auf einer bemehlten Arbeitsfläche ⅔ des Teigs ausrollen und damit eine große Quicheform so auslegen, dass der Teig 2 cm über den Rand steht. Etwas Tomaten-Pilz-Mischung auf dem Teig verteilen, darauf eine Lage Kabeljau geben, dann wieder Gemüse und schließlich die Kartoffeln lagenweise darüber schichten, wiederholen, bis die Form voll ist. Würzen. Den restlichen Teig ausrollen, zurechtschneiden und auf die Füllung legen. Den Teigdeckel einstechen und den Teigrand darüber klappen. Aus den Teigresten Fischchen ausschneiden, die Pastete dekorieren und mit Milch bestreichen. 30 Minuten backen. Mit Salat und Zuckererbsen servieren.

Fisch mit Teigkruste

mittel | 4 Personen

25 Min. | 50 Min.

Zutaten

350 g Schellfischfilet
350 g Kabeljaufilet
500 ml Milch
1 Lorbeerblatt
4 EL Butter
6 EL Mehl
1 EL frisch gehackter Dill
1 EL frisch gehackte Petersilie
200 g mittelalter Gouda, gerieben
Salz und Pfeffer

TEIG
140 g Mehl
1 TL Backpulver
1 Prise frisch geriebene Muskatnuss
4 EL Butter
1 Eigelb
4 EL Milch

ZUM SERVIEREN
Kirschtomaten, halbiert
gekochte grüne Bohnen

Den Fisch waschen und trockentupfen. Die Milch mit dem Lorbeerblatt in einem großen Topf zum Kochen bringen. Die Hitze reduzieren, den Fisch hineingeben und 10 Minuten garen. Den Fisch herausnehmen und beiseite stellen, das Lorbeerblatt entfernen und die Milch aufbewahren. Die Butter in einer Pfanne zerlassen und das Mehl darin 1 Minute anschwitzen. Unter Rühren nach und nach die Milch zugeben, bis eine glatte Sauce entsteht. Zum Kochen bringen, dann 5 Minuten köcheln lassen. Vom Herd nehmen, die Kräuter sowie die Hälfte des Käses einrühren und abschmecken. Den Fisch in Stücke schneiden.

Den Ofen auf 200 °C vorheizen. In einer Schüssel Mehl, Backpulver und Muskat vermengen. Die Mehlmischung mit der Butter verkneten. Eigelb und Milch zugeben und kneten, bis ein geschmeidiger Teig entsteht. Den Teig 1 cm dick ausrollen, dann mit einem Teigrädchen Kreise von 5–6 cm Durchmesser ausschneiden. Die Fischstücke in eine Quicheform legen, die Sauce darüber gießen und mit den Teigkreisen belegen. Den restlichen Käse darüber streuen und 30 Minuten im Ofen backen. Mit halbierten Kirschtomaten und gekochten Bohnen servieren.

Gebackene Seezunge mit Gemüse

leicht 4 Personen

10 Min. 50 Min.

Zutaten

4 Seezungenfilets, à 160 g
3 EL natives Olivenöl extra
3 Schalotten, gehackt
1 Knoblauchzehe, gehackt
1 Zucchini, in Scheiben
2 Frühlingszwiebeln, gehackt
425 g Eiertomaten aus der Dose
6 schwarze Oliven, entsteint und in Scheiben
6 grüne Oliven, entsteint und in Scheiben
2 EL frisch gehacktes Basilikum
Salz und Pfeffer
6 EL frisch geriebener Parmesan

schwarze und grüne Oliven, entsteint, zum Garnieren
gemischtes gedünstetes Gemüse, zum Servieren

Den Ofen auf 190 °C vorheizen. Die Fischfilets unter fließend kaltem Wasser waschen und mit Küchenpapier trockentupfen.

2 Esslöffel Öl in einer großen Pfanne erhitzen und darin Schalotten und Knoblauch unter Rühren etwa 3 Minuten andünsten. Zucchini und Frühlingszwiebeln zugeben und unter Rühren 4 Minuten mitdünsten. Tomaten mit Saft, Oliven und Basilikum zugeben, mit Salz und Pfeffer abschmecken und 10 Minuten köcheln lassen.

Eine flache Auflaufform mit dem restlichen Öl ausstreichen und die Fischfilets hineinlegen. Die Pfanne vom Herd nehmen und die Sauce über den Fisch gießen. Mit dem Parmesan bestreuen und im Ofen auf der mittleren Schiene etwa 30 Minuten backen, bis der Fisch gar ist.

Aus dem Ofen nehmen und auf Teller verteilen. Mit schwarzen und grünen Oliven garnieren und mit gekochtem Gemüse servieren.

Seebarsch auf mediterrane Art

sehr leicht

4 Personen

5 Min.

8–10 Min.

Zutaten

- 4 EL Öl mit Basilikumaroma oder natives Olivenöl extra
- 750 g Seebarschfilet
- 12 schwarze Oliven, entsteint und geviertelt
- 1 EL Zitronensaft
- 2 EL trockener Weißwein
- 2 EL frisch gehacktes Basilikum
- Salz und Pfeffer

GARNIERUNG

- Zitronenspalten
- Basilikumzweige

- knackige rote und grüne Salatblätter, zum Servieren

Das Öl in einer großen Pfanne erhitzen und die Fischfilets darin 5 Minuten braten, bis sie gar sind. Dabei einmal wenden.

Oliven, Zitronensaft, Wein und Basilikum zugeben, dann mit Salz und Pfeffer abschmecken. Unter Rühren 2 Minuten köcheln lassen.

Salatblätter auf Teller verteilen. Pfanne vom Herd nehmen, die Filets mit einem Fischheber herausnehmen und auf die Salatblätter legen. Sauce darüber geben, mit Zitronenspalten und Basilikumzweigen garnieren und servieren.

Lachs mit Zitronen und Kräutern

leicht

4 Personen

10 Min.

15 Min.

Zutaten

6 EL natives Olivenöl extra
1 Zwiebel, in Scheiben
1 Porreestange, in Ringen
Saft von ½ Zitrone
2 EL frisch gehackte Petersilie
2 EL frisch gehackter Dill
Salz und Pfeffer
500 g Lachsfilet

GARNIERUNG
Zitronenscheiben
Dillzweige

gedünsteter junger Spinat, zum Servieren

Den Ofen auf 200 °C vorheizen. 1 Esslöffel Öl in einer Pfanne erhitzen und Zwiebel und Porree unter Rühren etwa 4 Minuten darin andünsten.

Währenddessen das restliche Öl in einer kleinen Schüssel mit Zitronensaft und Kräutern mischen und mit Salz und Pfeffer abschmecken. Den Fisch unter fließend kaltem Wasser waschen, mit Küchenpapier trockentupfen und in eine flache Auflaufform legen.

Die Pfanne vom Herd nehmen. Zwiebel und Porree auf dem Fisch verteilen, dann die Ölmischung darüber gießen.

Im Ofen auf der mittleren Schiene etwa 10 Minuten backen, bis der Fisch gar ist.

Den gedünsteten Spinat auf Teller verteilen. Fisch und Gemüse aus dem Ofen nehmen und auf dem Spinatbett anrichten. Mit Zitronenscheiben und Dillzweigen garnieren und sofort servieren.

Makrele auf mediterrane Art

leicht | 4 Personen

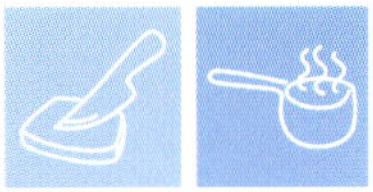

15 Min. | 25 Min.

Zutaten

4 EL Öl mit Basilikumaroma oder
natives Olivenöl extra
2 Knoblauchzehen, gehackt
1 Zwiebel, in Ringen
2 Zucchini, in Scheiben
6 Eiertomaten, gehäutet und in Scheiben
12 schwarze Oliven, entsteint und halbiert
1 EL Tomatenmark
4 EL Rotwein
100 ml Fischfond
2 EL frisch gehackte Petersilie
2 EL frisch gehacktes Basilikum
Salz und Pfeffer
4 große Makrelen, küchenfertig

GARNIERUNG
Zitronenscheiben
Basilikumzweige

ZUM SERVIEREN
gekochte Spaghetti
grüner Salat mit Frühlingszwiebeln

Den Ofen auf 200 °C vorheizen. 1 Esslöffel Öl in einer großen Pfanne erhitzen und Knoblauch, Zwiebel und Zucchini etwa 4 Minuten unter Rühren darin andünsten.

Tomaten, Oliven, Tomatenmark, Wein, Fond und Kräuter zugeben, mit Salz und Pfeffer abschmecken und zum Kochen bringen. Die Hitze reduzieren und unter Rühren 10 Minuten köcheln lassen.

Die Makrelen unter fließend kaltem Wasser waschen, mit Küchenpapier trockentupfen und in eine flache Auflaufform legen. Die Pfanne vom Herd nehmen und die Tomatensauce über den Fisch gießen. Im Ofen auf der mittleren Schiene etwa 10 Minuten backen, bis der Fisch gar ist.

Die gekochten Spaghetti auf Teller verteilen. Den Fisch aus dem Ofen nehmen und mit der Sauce auf den Spaghetti anrichten und mit Zitronenscheiben und Basilikumzweigen garnieren. Dazu einen Blattsalat mit Frühlingszwiebeln reichen.

Garnelen-Schellfisch-Curry

leicht | 4 Personen

15 Min. | 25 Min.

Zutaten

2 EL Öl
2 Knoblauchzehen, gehackt
4 Schalotten, gehackt
1 EL frisch geriebener Ingwer
1 TL mildes Currypulver
1 rote Paprika, gehackt
200 g rote Kidneybohnen aus der Dose, abgetropft
3 Tomaten, gehäutet und gehackt
3 EL Kokosraspel
3 EL frisch gehackter Koriander
125 ml Fischfond
Salz und Pfeffer
450 g Schellfischfilet, gehäutet
350 g rohe Garnelen, ausgelöst
5 EL Naturjoghurt

Kokosraspel, zum Garnieren

ZUM SERVIEREN
gekochter Reis
Naan-Brot

Das Öl in einer großen Pfanne erhitzen und Knoblauch, Schalotten, Ingwer und Currypulver darin unter Rühren etwa 4 Minuten andünsten, bis die Schalotten glasig sind.

Paprika, Kidneybohnen, Tomaten, Kokosraspel und Koriander zugeben, dann den Fond einrühren. Mit Salz und Pfeffer abschmecken und zum Kochen bringen. Die Hitze reduzieren und unter gelegentlichem Rühren 15 Minuten köcheln lassen.

Die Fischfilets unter fließend kaltem Wasser waschen und mit Küchenpapier trockentupfen. Den Fisch in kleine Stücke schneiden und in die Pfanne geben. Nach etwa 2 Minuten die Garnelen zugeben und 3 Minuten mitkochen; der Fisch sollte gar sein, aber nicht zerfallen.

Vom Herd nehmen und den Joghurt einrühren. Das Fischcurry mit dem Reis auf Tellern anrichten, mit Kokosraspel garnieren und mit Naan-Brot servieren.

Meeresfrüchte-Gratin

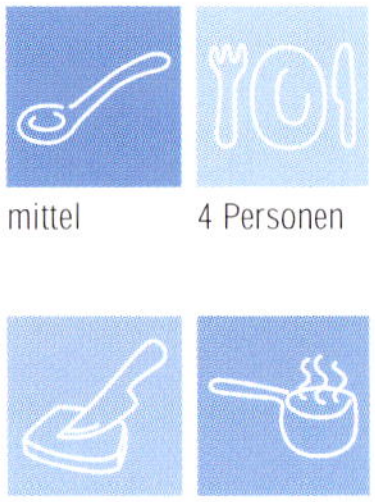

mittel | 4 Personen | 15 Min. | 1 Std.

Zutaten

450 g Kabeljaufilet
250 g rohe Garnelen, ausgelöst
250 g Jakobsmuscheln, ausgelöst
3 EL natives Olivenöl extra
1 Knoblauchzehe, gehackt
4 Frühlingszwiebeln, gehackt
1 Zucchini, in Scheiben
425 g Eiertomaten aus der Dose
2 EL frisch gehacktes Basilikum
Salz und Pfeffer
50 g frische Semmelbrösel
75 g Gouda, gerieben

gedünsteter Brokkoli und Blumenkohl, zum Servieren

In einem großen Topf Wasser zum Kochen bringen, dann die Hitze reduzieren. Den Kabeljau waschen, mit Küchenpapier trockentupfen, in den Topf geben und 5 Minuten kochen. Dann die Garnelen und nach 3 Minuten die Jakobsmuscheln zugeben. Nach 2 Minuten abgießen, unter fließend kaltem Wasser abschrecken und gut abtropfen lassen. Den Ofen auf 190 °C vorheizen.

2 Esslöffel Öl in einer Pfanne erhitzen, Knoblauch und Frühlingszwiebeln 3 Minuten unter Rühren darin andünsten. Erst die Zucchini und nach 3 Minuten die Tomaten mit Saft sowie das Basilikum zugeben. Mit Salz und Pfeffer abschmecken und 10 Minuten köcheln lassen.

Eine flache Auflaufform mit dem restlichen Öl einfetten. Fisch und Meeresfrüchte hineingeben. Die Pfanne vom Herd nehmen und die Sauce darüber gießen. Semmelbrösel darauf verteilen und das Ganze mit Käse bestreuen. 30 Minuten im Ofen überbacken, bis sich die Oberfläche goldbraun färbt. Aus dem Ofen nehmen und mit gedünstetem Brokkoli und Blumenkohl servieren.

Register